Nous remercions le ministère du Patrimoine canadien,
la SODEC et le Conseil des Arts du Canada
de l'aide accordée à notre programme de publication

Patrimoine canadien Canadian Heritage

SODEC Québec

Conseil des Arts du Canada Canada Council for the Arts

ainsi que le Gouvernement du Québec
– Programme de crédit d'impôt
pour l'édition de livres
– Gestion SODEC.

Illustration de la couverture
et illustrations intérieures:
Marie-Claude Favreau

Couverture:
Conception Grafikar

Édition électronique:
Infographie DN

Dépôt légal: 3e trimestre 2005
Bibliothèque nationale du Canada
Bibliothèque nationale du Québec

123456789 IML 098765

Éditions Pierre Tisseyre
ISBN 2-89051-923-6
11145

VOL DE GOMME, VIVE LA SCIENCE!

• Série Jolaine et Paméla •

DE LA MÊME AUTEURE
AUX ÉDITIONS PIERRE TISSEYRE

Collection Sésame

D'où viennent les livres?, roman, 2002.
Pas le hockey! Le hoquet. OK?, roman, 2004.
J comme toujours, roman, 2005.

Données de catalogage avant publication (Canada)

Painchaud, Raymonde

Vol de gomme, vive la science!

(Collection Sésame; 74)
(Série Jolaine et Paméla)
Pour enfants de 6 à 9 ans.

ISBN 2-89051-923-6

I. Titre. II. Collection: Painchaud, Raymonde. Série Jolaine et Paméla. III. Collection: Collection Sésame; 74.

PS8581.A485V64 2005 jC843'.6 C2005-940340-3
PS9581.A485V64 2005

RAYMONDE PAINCHAUD

VOL DE GOMME, vive la science!

roman

ÉDITIONS
PIERRE TISSEYRE

5757, rue Cypihot, Saint-Laurent (Québec) H4S 1R3
Téléphone: (514) 334-2690 – Télécopieur: (514) 334-8395
Courriel: ed.tisseyre@erpi.com

À tous ceux
et à toutes celles
qui sourient à la vie.

1

UN CONCOURS LITTÉRAIRE

— Les romans ne commencent pas par *Il était une fois,* s'indigne Jolaine qui lit par-dessus l'épaule de sa petite sœur Paméla. Seuls les contes commencent de cette façon !

Paméla continue d'écrire comme si elle n'avait rien entendu. Elle s'est inscrite au concours littéraire organisé par madame Surprenant, la bibliothécaire de son école. Sa grande sœur a accepté de l'aider, pourvu qu'elle l'assiste dans la réalisation d'une importante expérience scientifique.

— Arrête d'écrire! insiste Jolaine. J'ai emprunté l'enregistreuse de papa. Ça ira beaucoup plus vite.

— Plus vite pour toi. Pas pour moi. J'aurai tout à transcrire après.

— Tu transcriras quand tu seras toute seule. Quand on est deux pour imaginer une histoire, les idées jaillissent comme l'eau d'un geyser. Elles ne peuvent pas attendre.

La petite va rejoindre sa sœur déjà assise sur un des lits jumeaux. Elle accepte de se servir de l'enregistreuse, mais à une condition :

— C'est moi qui commence.

— Tu veux toujours commencer.

— Je suis inscrite au concours, je serai ton assistante pour tes expériences scientifiques, alors je commence l'histoire.

Paméla tient solennellement le micro devant sa bouche.

— *Il était une fois un chevalier, la nuit.*

— Enlève *Il était une fois*, la supplie Jolaine à genoux.

L'année dernière, madame Surprenant, la bibliothécaire, a expliqué à Jolaine, deux fois plutôt qu'une, la différence entre un conte et une histoire. Elle ne veut pas passer pour quelqu'un qui ne tient pas compte du savoir des spécialistes. Paméla finit par accepter d'enlever *Il était une fois.*

— *Un chevalier, la nuit, dort sur ses deux oreilles. Il ne sait pas qu'on est en train de lui voler la gomme baloune qu'il a pris soin de coller sur sa table de nuit. Ce n'est qu'à son réveil qu'il constate la disparition de l'article à exercer les mâchoires. Tout de suite après avoir déjeuné, le chevalier enfourche son cheval et se lance à la poursuite du dragon.*

— Comment sait-il que c'est lui, le voleur ?

— Parce qu'il n'y a pas d'autres traces. Et il n'y a que les dragons qui peuvent laisser des empreintes aussi grosses. Laisse-moi continuer, s'il te plaît. Sinon j'oublierai mon idée. *Arrivé à l'entrée d'une caverne, le détective saute agilement au sol.*

— C'est un détective, ton chevalier, maintenant ?

— Tu assèches mon geyser ! Tais-toi deux minutes ! *Tout en caressant le cou de sa bête, il susurre à son oreille: «Ne reste pas là, Goune-*

Goune, si jamais ça tournait mal, toi, au moins, tu serais sain et sauf. »

— Goune-Goune? C'est un nom de cheval, ça?

— Que veux-tu que ce soit? Le nom de la puce qui se promène sur son sourcil gauche?

— Le cheval avait des puces?

Paméla soupire mais ne réplique pas.

— *Une fois sa monture en sécurité, le héros retire l'épée de son fourreau...*

— Un héros? Qu'est-ce qu'il a fait pour mériter ce titre?

— Il est le héros parce que c'est lui le personnage principal. Il lui arrive toutes sortes d'aventures, il rencontre des obstacles, il essaie de s'en sortir pour atteindre le but qu'il s'est fixé.

— C'est notre bibliothécaire qui t'a expliqué tout ça?

— Évidemment ! Écoute, tu vas comprendre. *Le héros pénètre dans la caverne, hésite quelque peu, puis marche pendant douze longues secondes. Plus il progresse, plus il fait sombre. Bientôt, il avance à tâtons. Finalement, il se cogne le nez contre un mur de roc.*

Jolaine agrippe le micro.

— *Le chevalier, qui a le regard aussi affûté que son nez, aperçoit des dessins sur le mur. Des formes blanches qui ressemblent à des mains. Il sort son microscope portatif.*

— Les microscopes n'existaient pas dans ce temps-là !

— *Le chevalier sort sa loupe de poche afin d'examiner les dessins de plus près. Malheureusement, il n'y a pas suffisamment de lumière. Déçu, il s'appuie contre le mur en se demandant quoi faire. Il n'a pas le temps de penser, car une portion du mur s'ouvre en grinçant. N'écoutant que son courage et avalant sa salive, le chevalier pénètre dans la grotte. Aussitôt, le mur se referme derrière lui. Il est dans l'obscurité la plus totale.*

Paméla s'empresse de récupérer le micro.

— *N'écoutant que sa salive et avalant son courage, le chevalier est au bord de fondre en larmes, comme le font les bébés quand ils croient que leur mère a disparu pour toujours. Toutefois, il se rappelle qu'il est un chevalier, et il relève la tête pour montrer qu'il a du cœur.*

— Ce n'était pas la peine puisqu'il n'y avait personne!

La petite ne s'arrête pas à cette remarque.

— *Le brave chevalier se remet en marche. Sans cesse, il se frappe contre des obstacles dont il ignore la nature. Peut-être les murs d'un labyrinthe. Puis une porte s'ouvre au loin, laissant entrer un filet de lumière. C'est alors que le chevalier peut identifier ce qui sans cesse entravait sa route: des blocs de gomme baloune touchant presque le plafond.*

Jolaine se tortille sur le bord du lit. Elle a une idée, elle veut le micro, elle émet des sons, bouche fermée, elle tend les mains vers Paméla. Sa sœur comprend et lui cède le micro.

— *Un magicien entre par la petite porte. Il porte une barbe blanche, des lunettes sur le bout du nez et un chapeau pointu. En apercevant le chevalier, il lève les bras au ciel.*

— Au plafond, tu veux dire. Il ne pouvait pas lever les bras au ciel puisqu'il était dans une grotte.

Jolaine ne proteste pas. Tout ce qu'elle veut, c'est terminer l'histoire et entreprendre sa première expérience scientifique. Elle poursuit sur sa lancée :

— *Le magicien lève les bras au plafond et s'écrie : « Le Chevalier de l'Ordre de la Grande Chique ! »*

— Qu'est-ce que c'est que ça ? demande Paméla.

— Le chevalier se pose la même question que toi. *Il y a plusieurs années, explique le magicien, mon père a prédit qu'un chevalier naîtrait dans la région. Lui, et lui seul, pourrait ouvrir la porte du jardin rose. Les gommes, qui, depuis des milliers d'années, sont gardées par les dragons, pourraient être distribuées dans le monde entier. Tous les enfants de la terre connaîtraient enfin l'existence des DTG, les dragons très gentils.*

— Et Goune-Goune?

— J'allais justement te le dire. *Le chevalier demande l'aide du magicien pour retrouver son cheval. Par des détours, des labyrinthes, des souterrains, des grottes, d'autres labyrinthes...*

— Arrête! Je veux savoir si le cheval est toujours là.

— Tu m'interromps tout le temps. Comment veux-tu que je te le dise? Tu me fais perdre mes idées. Finis-la toute seule, ton histoire.

— Je ne parlerai plus. Promis!

Jolaine se laisse amadouer par sa petite sœur, qui a maintenant les mains jointes.

— « *Goune-Goune! s'exclame le chevalier. Je viens d'être nommé Chevalier de l'Ordre de la Grande Chique.* » *Et le cheval se met à rire.*

— Les chevaux ne rient pas, objecte Paméla.

En voyant l'air de Jolaine, Paméla se rend compte qu'elle a interrompu sa sœur, encore une fois.

— Excuse-moi. J'avais oublié. Continue. S'il te plaît!

— S'il te plaît, qui?

— S'il te plaît, Jolaine.

— Jolaine qui?

— Jolaine, ma sœur adorée.

— Eh bien, l'histoire finit comme ça. *Le cheval se met à rire.* C'est tout.

— Je ne t'ai pas interrompue, alors! Je me suis excusée pour rien!

— Pardonne-moi.

— Pardonne-moi, qui?

— Pardonne-moi, Paméla.

— Paméla qui?

— Paméla, ma sœur adorée.

Sourire en coin, la petite retire la précieuse cassette de l'enregistreuse. Elle l'identifie sous le titre *Vol de gomme* et s'installe à sa table de travail pour en faire la transcription.

— Tu avais promis de m'aider, proteste Jolaine.

— Tout de suite ?

— Bien sûr ! Ce soir, c'est madame Galipeau qui nous garde. Il faut en profiter.

2

POURQUI LE BACON FRISE DANS LA POÊLE ?

Pendant qu'au salon l'attention de leur gardienne est captivée par l'émission de télévision *Jeunesse retrouvée*, les fillettes vont s'installer à la table de cuisine. Paméla manipule les ciseaux. Elle fait semblant de fabriquer des chapeaux pour la fête du cousin Hugues. Jolaine sort de sa poche le carnet dans lequel elle note tous ses projets d'expériences. Elle l'ouvre à la page qui a pour titre *Pourquoi le bacon frise dans la poêle?* Il y a longtemps qu'elle se pose cette question. Les rôties ne frisent pas dans le grille-pain. Les gaufres non plus. Paméla croit que c'est dû à la forme de la queue du cochon. Jolaine n'en est pas convaincue, elle.

Cette expérience a été planifiée dans le plus grand secret. Depuis deux semaines déjà, Jolaine attendait le moment propice, c'est-à-dire un soir où elles se feraient garder par madame Galipeau, cette dame sympathique et dure d'oreille.

Toutes les étapes de l'expérience sont inscrites dans le carnet secret, et Jolaine peut les exécuter toute seule. Le rôle de Paméla consiste à faire le guet et à avertir sa sœur en cas de danger.

En faisant le moins de bruit possible, Jolaine exécute son plan :

1) sortir une tranche de bacon du réfrigérateur ;
2) bien refermer le contenant ainsi que la porte du frigo ;
3) sortir la planche et le fer à repasser, sans faire de bruit (très difficile) ;
4) faire chauffer le fer au maximum ;
5) repasser la tranche de bacon ;
6) noter les observations.

Trop intéressée par ce qui se passe à la cuisine, Paméla oublie vite son rôle de surveillante. Ahurie, elle voit madame Galipeau poser sa main sur l'épaule de Jolaine. L'expérience scientifique est aussitôt interrompue.

Madame Galipeau pose une condition aux fillettes :

— Si vous répondez franchement à mes questions, je ne vous punirai pas.

C'est ainsi qu'une conversation éclaire la gardienne sur les motifs des fillettes. Et c'est ainsi que Jolaine est déçue d'apprendre que le bacon frise parce que, une fois que le gras du bacon a fondu sous l'effet de la chaleur, la tranche perd de sa souplesse et se ratatine.

Jolaine ne se laisse pas décourager. Elle a beaucoup d'imagination. Son carnet secret est rempli de projets scientifiques. Elle aura vite fait de mettre au point une autre fabuleuse expérience.

3

UNE NUIT BLANCHE

Il est très ardu de faire avancer la science. Les premiers chercheurs ont souvent été traités de fous. Celui qui a découvert que la Terre est ronde a même été emprisonné. Pour leur part, Jolaine et Paméla sont confinées à leur chambre, avant et après le souper. La gardienne ne les a pas punies, mais leur père, lui, voyait les choses autrement. « Pas d'ordinateur pendant dix jours ni de bavardages dans la chambre. » Le plus difficile, c'est de rire tout bas. Heureusement, il y a les oreillers.

Pour la prochaine expérience scientifique, Jolaine demande à Paméla de choisir une page au hasard dans son carnet secret. C'est la première fois que Paméla tient le carnet dans ses mains. Elle hésite un peu. Puis elle l'ouvre au hasard et le remet à sa grande sœur.

— Tu es tombée sur *La nuit blanche*, chuchote Jolaine, qui a du mal à ne pas exprimer tout haut son enthousiasme.

Jolaine veut savoir si les gens qui ne ferment pas l'œil de la nuit voient les objets tout en blanc.

Paméla se fait tirer l'oreille. Elle a sommeil. La science ne l'attire pas du tout, ce soir. Mais elle avait promis d'aider, elle aidera.

Pour commencer, Jolaine va chercher des pommes dans le garde-manger. Tout va bien, madame Galipeau regarde *Romances et confidences*, au salon.

— Il faut manger, affirme Jolaine en revenant dans la chambre. J'ai souvent entendu maman dire à papa : « *Arrête de manger! Tu ne dormiras pas.* »

Après avoir englouti un fruit chacune, elles observent les meubles autour d'elles. Pour l'instant, les objets ont conservé leurs couleurs.

Lorsque Paméla commence à fermer les yeux, Jolaine lui présente une deuxième pomme, plus rouge que la première.

— Tu aurais dû prendre un sac de biscuits à la place, se plaint Paméla.

— Tu les as tous mangés hier.

Accusée de la sorte, la petite se réveille un peu, mais elle s'ennuie à ne rien faire. Par contre, chaque fois que l'aînée propose une activité, Paméla se dit trop fatiguée.

Après s'être creusé les méninges, Jolaine promet à sa sœur de convaincre son copain Walter de leur faire essayer son vélo. Mine de rien, pendant qu'elle vante les qualités du bolide, Jolaine présente des morceaux de pomme à Paméla qui, sans s'en rendre compte, vient de manger son quatrième fruit.

Quelques instants plus tard, la petite éprouve une drôle de sensation. Ça se promène dans son estomac, comme dans les montagnes russes.

La grande scientifique est aux aguets. Elle voit dans ce phénomène un signe précurseur de la vi-

sion sans couleurs. Elle demande à Paméla de parler moins vite pour lui laisser le temps de prendre des notes. Après avoir écrit le point à la fin d'une phrase, Jolaine relève la tête pour voir pourquoi son assistante ne parle plus. Paméla, tantôt verte, tantôt jaune, implore sa sœur d'un regard de grenouille malade. Jolaine se précipite. Elle fait le tour de la chambre. Elle regarde dans tous les coins. Le seul objet creux qu'elle aperçoit, à la dernière fraction de seconde, c'est son sac d'école. Il y a un compartiment vide, mais c'est trop tard, Paméla a déjà vomi par terre.

Jolaine essaie de ramasser le tout en se pinçant le nez. Pour une fois, elle est heureuse de voir arriver madame Galipeau, car elle commence à se sentir mal, elle aussi.

La nuit blanche n'a pas eu lieu. Le lendemain, les fillettes sont reposées mais l'une d'elles n'a pas bonne mine.

— Toi et tes expériences scientifiques ! Je ne savais pas qu'il fallait devenir verte avant de passer une nuit blanche. Avec tout ça, je n'ai pas commencé à transcrire l'histoire du dragon.

— Sais-tu à quoi je pense ?

— Je ne veux pas le savoir !

Paméla exprime sa réticence face aux expériences de sa grande sœur. Faire avancer la science, d'accord. Mais pas question de faire reculer sa santé !

— Tout ira bien, assure Jolaine. Fais-moi confiance.

4

DE GRANDES ASPIRATIONS

Jolaine rêve souvent qu'elle vole dans les airs comme un oiseau. Ses rêves semblent parfois si réels qu'il lui arrive d'être sûre d'avoir enfin trouvé la technique pour se déplacer dans les airs. Hélas, une fois bien réveillée, elle constate que ce n'était qu'un rêve, une fois de plus.

Depuis qu'elle a eu la chance d'observer des avions non motorisés, ses croyances ont changé. Ces planeurs la fascinent. Elle lit sur le sujet tout ce qu'elle peut trouver à la bibliothèque. Selon elle, les humains pourraient trouver le moyen de voler s'ils s'en donnaient vraiment la peine. Et pourquoi pas aujourd'hui ?

Le nez dans un magazine scientifique, Jolaine va rejoindre sa sœur au sous-sol. Elle remarque son air boudeur, mais garde espoir.

— J'ai toujours cru que les avions volaient grâce à leurs puissants moteurs, déclare-t-elle. J'étais à côté de la piste ! C'est l'air qui fait voler les avions.

Paméla lève les yeux vers le plafond.

— Écoute ceci, insiste Jolaine. La forme de l'aile permet à l'air qui passe au-dessous d'exercer une pression plus forte que l'air qui passe au-dessus. C'est le principe de Bernoulli. Aussi simple que de préparer un plat de nouilles! C'est comme si nos souliers poussaient, sur nos pieds, plus fort que notre chapeau, sur notre tête.

Paméla ne réagit pas, elle réfléchit. Si j'arrive à voler, pense-t-elle, je pourrai me lever plus tard le matin, et arriver quand même à l'heure à l'école. En un éclair, ses mésaventures reculent loin dans sa mémoire. Elle accepte d'être l'assistante de Jolaine, en ce samedi matin, alors que les parents sont partis pour la fin de semaine.

Il fait un beau soleil. La gardienne sirote son café en lisant le journal, sur le patio. Jolaine ouvre son carnet secret, et lit à voix haute les tâches que Paméla et elle exécutent au fur et à mesure :

1) emprunter l'aspirateur de madame Ratelle, notre voisine d'en avant et l'apporter au sous-sol en passant par en avant ;
2) emprunter l'aspirateur de madame Hernandez, notre voisine de gauche, et l'apporter au sous-sol, en passant par le côté gauche ;
3) emprunter l'aspirateur de monsieur Fillion, notre voisin d'en arrière, qui passe son temps à nettoyer son auto, et l'apporter au sous-sol en passant par en arrière ;
4) sortir une corde et un escabeau de l'atelier de papa ;
5) informer madame Galipeau que nous allons passer l'aspirateur au sous-sol comme

nous le faisons toujours le samedi matin ;

6) descendre notre propre aspirateur au sous-sol ;

7) placer les quatre aspirateurs à l'envers, de sorte que les sorties d'air soient orientées vers la plafond. Attacher les appareils ensemble et, pour qu'ils tiennent debout, relier la corde au poteau de l'escalier ;

8) brancher les quatre fils à la multiprise qui, elle, ne doit pas être branchée tout de suite ;

9) aller chercher le gilct spécial dans la chambre (attention de ne pas être vues par la gardienne).

Lorsque tout est installé, l'aînée fait signe à sa sœur de se taire, une minute, afin de vérifier où se trouve madame Galipeau. Elles l'entendent parler au téléphone. Tout va bien.

Pouce en l'air, Jolaine donne son accord pour la dernière opération. Paméla endosse le gilet de sauvetage sur lequel ont été collées de longues ailes de carton, puis elle gravit solennellement les marches de l'escabeau. Paméla hoche la tête pour indiquer qu'elle est prête. Jolaine branche la multiprise. La petite s'élance aussitôt au-dessus du jet d'air. Avant même d'avoir eu le temps de crier, elle s'écrase parmi les aspirateurs tout déglingués.

— Les enfants ? Vous avez touché à quelque chose ?

Puisque les parents ne reviendront pas avant dimanche soir, madame Galipeau se voit dans l'obligation de déterminer la punition : privation de dessert, de jeux

vidéo et de télévision. Les filles se retirent dans leur chambre.

Paméla essaye de faire comprendre à sa sœur qu'elle n'en peut plus de se faire punir à cause d'elle.

— Dorénavant, promet Jolaine, nous ne ferons que des expériences sécuritaires.

— La science, c'est fini pour moi ! J'ai une histoire à transcrire.

La petite tire brutalement la chaise et s'installe à sa table de travail.

Jolaine sort de sa poche une boule de papier froissé. Elle la déplie le plus lentement possible, tout en jetant des coups d'œil furtifs à sa sœur. Lorsqu'elle juge que la curiosité de l'écrivaine en herbe a été suffisamment piquée, elle lui offre un morceau de chocolat.

Paméla savoure le morceau, les yeux fermés.

— Pour de meilleures idées scientifiques, et littéraires, déclame Jolaine, voici un aliment qui stimule l'imagination.

En entendant le mot *scientifique*, Paméla ouvre les yeux et avale difficilement.

— Il y a de la lécithine dans le chocolat, insiste Jolaine. C'est écrit en toutes lettres sur le papier d'emballage.

— De la *létine* ?

— Lécithine. Le mot est dans le dictionnaire. Il est écrit qu'on en retrouve dans le cerveau.

— Pour l'instant, je n'ai pas besoin d'imagination. Juste du temps pour transcrire.

La cadette tire la langue tellement elle s'applique à bien écrire. Elle n'a pas noirci trois lignes que déjà elle sent le besoin de vérifier quelque chose auprès de sa sœur.

— Pour l'histoire du chevalier à la gomme à mâcher, nous avons fait appel à notre imagination, n'est-ce pas ? Pourtant, nous n'avions pas mangé de chocolat.

— C'est dû au chocolat que nous avons mangé depuis notre naissance. D'ailleurs, nous avons peut-être épuisé notre réserve de lécithine en inventant cette histoire.

Jolaine n'a plus qu'à trouver l'idée du siècle pour gagner des sous et acheter du chocolat en quantité.

5

LA NUIT PORTE CONSEIL

Paméla se réveille au milieu de la nuit. Elle a rêvé à son histoire. Elle a vu de véritables dragons! Mais il y a un problème. Elle s'assoit dans son lit.

— Puisque la porte de la caverne se referme automatiquement, il faudra une force herculéenne pour la garder ouverte. Comment feront-ils pour sortir les blocs de gomme à mâcher ? Jolaine ! Réveille-toi !

— C'est toi, Paméla ? Pourquoi as-tu chaussé des patins roses ?

— Quels patins ? Laisse faire. Rendors-toi.

La petite aimerait bien gagner le premier prix du concours littéraire, cinq romans de cinq auteurs différents, plus cinquante dollars. C'est la deuxième fois qu'elle se réveille au milieu de la nuit. Sa sœur avait promis de l'aider. *Le cheval se met à rire*, ce n'est pas une fin pour une histoire ! Elle commence à douter de la bonne foi de Jolaine. Peut-être a-t-elle inventé n'importe quoi, juste pour obtenir sa collaboration à de folles expériences pseudo-scientifiques. *Ça ne se passera pas comme ça,* conclut-elle en se glissant sous les couvertures.

Sur le point de s'endormir, Paméla voit des dragons cracheurs de feu, des chevaliers à bout de souffle et un Goune-Goune qui ne rit pas du tout.

Le lendemain matin, Jolaine ne remarque pas l'air bourru de sa petite sœur. Elle plonge sa cuillère dans son bol de céréales, la remplit à ras bord, la ramène lentement vers sa bouche.

— J'ai rêvé à quelque chose de génial, cette nuit, déclare-t-elle avant d'engloutir sa cuillerée.

Paméla s'étouffe presque avec sa tartine de beurre de graines de citrouille. Elle jette un regard à sa mère et toutes deux restent muettes. Jolaine savoure sa bouchée en même temps que le silence qui ajoute de la valeur à ce qu'elle s'apprête à dire.

— J'ai rêvé à ce que font les dragons pendant leurs temps libres. En fait, ils sont libres tout le temps, puisqu'ils ne vont pas à l'école. Alors, sais-tu ce qu'ils font ?

Paméla fait mine de ne pas avoir entendu. Elle boit son lait en regardant longtemps dans le fond du verre.

— Ils soufflent des bulles de gomme tellement grosses qu'ils partent en montgolfière.

— Voler ? Plus jamais ! Pas même sur du papier, décrète la mère.

— C'est seulement pour son histoire. Elle va peut-être gagner le premier prix avec cette idée-là.

Jolaine ajoute :

— Et nous pourrons acheter du chocolat.

C'est l'heure de partir pour l'école.

Paméla presse le pas. Elle imagine des dragons soufflant de grosses bulles qui s'agglutinent en une immense montgolfière sur laquelle est inscrit, en caractères dorés : *Paméla Breton, 1er prix.*

6

MADAME GALIPEAU À LA RESCOUSSE

L'histoire est longue à transcrire. Il faut écouter l'enregistrement, l'arrêter, l'avancer, le reculer. Paméla a des crampes sous l'omoplate gauche. Elle a peur de ne pouvoir terminer avant la date où il faut remettre le texte.

— Ne me parle plus! s'écrie Paméla. Tu m'empêches de travailler. J'ai perdu l'endroit où j'étais rendue.

— Savez-vous où madame Galipeau travaillait avant de prendre sa retraite? demande leur mère, qui arrive inopinément dans leur chambre.

— Elle était sûrement puéricultrice, affirme Paméla, car elle aime beaucoup les enfants.

— Moi, je crois qu'elle travaillait dans une imprimerie où le bruit des machines était très fort. C'est pour ça qu'elle n'entend pas bien.

Les filles sautent de joie lorsqu'elles apprennent que madame Galipeau était secrétaire juridique. Jolaine ne perd pas une minute, elle court chercher le téléphone puis compose le numéro de leur gardienne.

Madame Galipeau leur enlève un poids de sur les épaules. Demain, avant dix-sept heures, le texte sera mis à la poste, juste à temps pour le concours.

Paméla est confiante de remporter le premier prix, car la fin de l'histoire a été modifiée. *Les dragons, partis en montgolfière, distribuent des gommes balounes dans le monde entier. Les enfants des quatre coins de la Terre font tant et tant de bulles qu'à la fin, une énorme bulle, plus grosse que la Terre, emporte la planète bleue à travers le cosmos.*

— Ce n'est pas juste, s'indigne Jolaine. Toi, tu as eu l'aide de madame Galipeau pour ton projet. Moi, je n'ai eu personne d'autre que toi pour mes expériences scientifiques.

— Merci quand même!

— Mes expériences ne mènent à rien. Je ne serai jamais célèbre, se lamente Jolaine.

— Pourquoi n'écris-tu pas, toi aussi ? suggère Paméla.

— *Il était une fois une scientifique...*

— Enlève *Il était une fois.*

— *Une scientifique, la nuit...*

Paméla, soudainement inspirée, enchaîne aussitôt :

— *Elle dort si profondément qu'elle ne se rend pas compte que sa sœur Paméla cherche à s'introduire dans ses rêves en chuchotant à son oreille: Finies les expériences! Il faut laisser ça aux adultes.*

Paméla se frappe le front de la paume de sa main droite.

— Il faut commencer une autre histoire. Tout de suite! Nous aurons plus de temps pour l'écrire.

— Nous pourrons laisser s'envoler notre imagination, suggère Jolaine.

— Tu pourras enfin faire voler quelque chose, observe Paméla.

La grande sœur hésite tout à coup. Cela représente beaucoup de travail. Paméla, elle, ne se laisse pas décourager.

— Tu en connais, toi, des gens qui sont devenus célèbres en criant *ciseau* ?

— *Ciseau*, non. *Eurêka*, oui.

7

L'INVENTION DU SIÈCLE

Paméla attend les résultats du concours avec impatience. Tous les jours, en revenant de l'école, elle surveille l'arrivée de la factrice. Il n'y a que des comptes de téléphone, des circulaires, des magazines pour ses parents. Peut-être que le texte posté par madame Galipeau s'est retrouvé dans un camion postal arnaqué par des bandits. Peut-être que sa livraison a été retardée à cause d'un code postal erroné. Peut-être qu'un membre du jury a échappé du jus de raisin juste à l'endroit où le nom et l'adresse étaient inscrits.

— Peut-être que tu t'inquiètes pour rien, suggère Jolaine. S'il y a eu beaucoup de participants, il faut laisser à madame Surprenant le temps de lire toutes les histoires. Sois patiente.

— Facile à dire!

— J'ai plusieurs idées pour le concours de l'an prochain.

Même s'il est manifeste que Paméla ne l'écoute pas, Jolaine énumère les idées qu'elle a eues: un conte dans lequel des lutins ont perdu la trace du père Noël; une petite fille qui, ayant mal interprété une phrase prononcée par sa mère, croit que ses parents veulent se débarrasser de ses deux chats ; une peluche et un camion de pompier qui font connaissance dans le fond d'une garde-robe.

— Des idées, des idées, des idées ! Madame Surprenant m'a expliqué qu'une idée n'était qu'une toute petite chose, comme une graine qu'on met en terre. On croit que ça pousse tout seul, mais ce n'est pas le cas. Il faut du soleil, de la pluie, des engrais, une bonne terre. Il faut enlever les mauvaises herbes, arroser s'il ne pleut pas assez.

— Je préfère avoir des idées, moi. J'ai l'intention d'inventer un produit qui va contribuer au bonheur des enfants.

Paméla se bouche les oreilles, obligeant ainsi Jolaine à crier.

— Un produit qui donnera aux légumes le goût du chocolat !

— J'ai hâte de voir ça…

— Je voulais justement te faire goûter ce morceau de brocoli *trans-chocolaté*, blague Jolaine en faisant semblant de sortir quelque chose de sa poche.

Mais Paméla a déjà disparu.

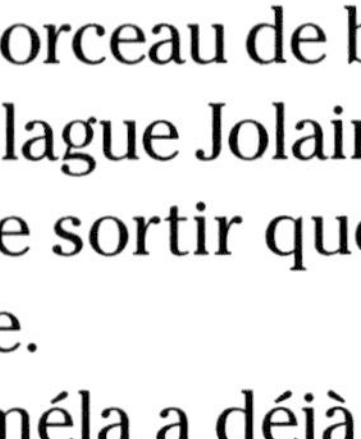

8

UN CONCOURS DE CIRCONSTANCES

Madame Galipeau s'apprête à sortir de chez elle pour faire des courses. Elle ouvre la porte et aperçoit Paméla qui grimpe les marches quatre à quatre, suivie de Jolaine qui semble moins pressée.

— Madame Galipeau ! C'est Jolaine ! Elle s'est trompée. Elle vous a donné l'adresse de l'Association des enfants qui s'intéressent à la science.

— L'Association des jeunes scientifiques, corrige Jolaine, les poings sur les hanches.

— Ce qui veut dire que le texte n'est pas arrivé à destination ? demande madame Galipeau.

Les larmes de Paméla indiquent la réponse à la gardienne, qui se prend la tête à deux mains, puis ouvre les bras pour consoler l'écrivaine en herbe. Le regard de Jolaine se promène des nuages au bout de ses souliers, en passant furtivement par celui de madame Galipeau. Lorsque Paméla cesse enfin de pleurer, Jolaine serre les dents et fixe un point par terre. Son regard ne peut se détacher du monticule de sable formé par les fourmis, au centre duquel se trouve une entrée par laquelle Jolaine aimerait bien disparaître. Elle attend que madame Galipeau lui fasse tomber le ciel sur la tête.

— Venez, les enfants! Allons manger une bonne crème glacée, toutes les trois!

Madame Galipeau comprend que, pour une fois, Jolaine n'est pas coupable. Elle n'a certainement pas donné une mauvaise adresse en connaissance de cause. C'est pourquoi elle offre de la crème glacée aux deux fillettes, malgré les protestations de Paméla.

— Venez, nous pourrons mieux nous expliquer devant des cornets à trois boules.

Ce que ni Paméla ni madame Galipeau ne savent, c'est que Jolaine a une surprise pour Paméla. Pour l'instant, il lui est impossible de parler à sa cadette qui boude pendant tout le trajet de la maison au restaurant.

— Une crème glacée au brocoli pour ma sœur, ordonne Paméla avant même de s'asseoir. Au chocolat, pour moi.

— Mademoiselle se trouve drôle ?

Paméla ne réplique pas. Elle a décidé de ne plus jamais parler à sa sœur.

Jolaine voudrait bien annoncer sa bonne nouvelle, mais comment adresser la parole à un bloc de béton armé ? Elle prend une bonne inspiration et fonce :

— Qui est arrivée à la maison la première aujourd'hui ? Qui a dépouillé le courrier ? ose-t-elle demander.

— C'est ta mémoire que tu devrais dépouiller ! Il y a des petites bestioles qui courent dans ta tête !

Madame Galipeau pose sa main sur le bras de Paméla qui se calme peu à peu. Le silence qui suit se fait moins lourd. Jolaine y voit la permission de poursuivre :

— Qui a une bonne nouvelle à annoncer à sa petite sœur adorée ?

Paméla frétille de curiosité en voyant, dans les mains de Jolaine, une enveloppe au libellé officiel.

— Mesdames et messieurs ! s'exclame Jolaine. Enfants, jeunes et vieux ! L'Association des jeunes scientifiques est fière de vous annoncer que, dans un prochain numéro, paraîtra une histoire écrite par... Paméla Breton !

Paméla n'y croit pas. Elle a l'impression que Jolaine se moque d'elle. Elle ne la savait pas si cruelle. Son cœur se tord. Ses yeux se mouillent. Elle serre les poings et se croise les jambes très fort. Elle ne

veut pas pleurer, ici, au beau milieu d'un restaurant.

— Crème glacée au chocolat, c'est pour qui ?

Paméla desserre les poings, prend sa cuillère puis commence à manger, tête baissée. Des larmes coulent dans son bol.

Soudain, madame Galipeau quitte la table, se met à sauter dans l'allée en brandissant la lettre dans les airs.

— C'est vrai ! Paméla ! Ton histoire sera publiée dans la revue *Les scientifiques en herbe*, dans la section scientifiquement farfelue « J'invente une histoire ». Regarde ! Tu n'as qu'à signer ici.

Paméla n'y voit rien. Elle pleure à chaudes larmes maintenant. Les émotions se confondent. L'effort d'écriture, le stress de terminer à temps, le désir de gagner, la déception, la colère, l'abandon, tout se transforme en larmes, en rires, en joie.

Un spectacle merveilleux s'offre à elle : le visage souriant de sa grande soeur derrière une pyramide de boules de crème glacée, offertes par madame Galipeau, tout en sourire, elle aussi.

TABLE DES MATIÈRES

1. Un concours littéraire 9

2. Pourqoi le bacon frise dans la poêle? 23

3. Une nuit blanche 29

4. De grandes aspirations 37

5. La nuit porte conseil 47

6. Madame Galipeau à la rescousse 53

7. L'invention du siècle 59

8. Un concours de circonstances 63

Photo : Claire Beaugrand Champagne

Raymonde Painchaud

Raymonde Painchaud est bien placée pour comprendre Jolaine et Paméla : elle aussi a participé à des concours littéraires, elle aussi désirait voler comme un oiseau quand elle était petite. Elle avait toutefois moins d'audace que Jolaine. Peut-être lui manquait-il une assistante de la trempe de Paméla ?

Collection Sésame

1. **L'idée de Saugrenue**
   Carmen Marois
2. **La chasse aux bigorneaux**
   Philippe Tisseyre
3. **Mes parents sont des monstres**
   Susanne Julien
   (palmarès de la Livromagie 1998/1999)
4. **Le cœur en compote**
   Gaétan Chagnon
5. **Les trois petits sagouins**
   Angèle Delaunois
6. **Le Pays des noms à coucher dehors**
   Francine Allard
7. **Grand-père est un ogre**
   Susanne Julien
8. **Voulez-vous m'épouser, mademoiselle Lemay?**
   Yanik Comeau
9. **Dans les filets de Cupidon**
   Marie-Andrée Boucher Mativat
10. **Le grand sauvetage**
    Claire Daignault
11. **La bulle baladeuse**
    Henriette Major
12. **Kaskabulles de Noël**
    Louise-Michelle Sauriol
13. **Opération Papillon**
    Jean-Pierre Guillet
14. **Le sourire de La Joconde**
    Marie-Andrée Boucher Mativat
15. **Une Charlotte en papillote**
    Hélène Grégoire (prix Cécile Gagnon 1999)
16. **Junior Poucet**
    Angèle Delaunois
17. **Où sont mes parents?**
    Alain M. Bergeron
18. **Pince-Nez, le crabe en conserve**
    François Barcelo
19. **Adieu, mamie!**
    Raymonde Lamothe
20. **Grand-mère est une sorcière**
    Susanne Julien
21. **Un cadeau empoisonné**
    Marie-Andrée Boucher Mativat
22. **Le monstre du lac Champlain**
    Jean-Pierre Guillet

23. **Tibère et Trouscaillon**
Laurent Chabin

24. **Une araignée au plafond**
Louise-Michelle Sauriol

25. **Coco**
Alain M. Bergeron

26. **Rocket Junior**
Pierre Roy

27. **Qui a volé les œufs?**
Paul-Claude Delisle

28. **Vélofile et petites sirènes**
Nilma Saint-Gelais

29. **Le mystère des nuits blanches**
Andrée-Anne Gratton

30. **Le magicien ensorcelé**
Christine Bonenfant

31. **Terreur, le Cheval Merveilleux**
Martine Quentric-Séguy

32. **Chanel et Pacifique**
Dominique Giroux

33. **Mon oncle Dictionnaire**
Jean Béland

34. **Le fantôme du lac Vert**
Martine Valade

35. **Niouk, le petit loup**
Angèle Delaunois

36. **Les visiteurs des ténèbres**
Jean-Pierre Guillet

37. **Simon et Violette**
Andrée-Anne Gratton

38. **Sonate pour un violon**
Diane Groulx

39. **L'affaire Dafi**
Carole Muloin

40. **La soupe aux vers de terre**
Josée Corriveau

41. **Mes cousins sont des lutins**
Susanne Julien

42. **Espèce de Coco**
Alain M. Bergeron

43. **La fille du roi Janvier**
Cécile Gagnon

44. **Petits bonheurs**
Alain Raimbault

45. **Le voyage en Afrique de Chafouin**
Carl Dubé

46. **D'où viennent les livres?**
Raymonde Painchaud

47. **Mon père est un vampire**
Susanne Julien

48. **Le chat de Windigo**
Marie-Andrée Boucher Mativat

49. **Jérémie et le vent du large**
Louise-Michelle Sauriol

50. **Le chat qui mangeait des ombres**
Christine Bonenfant

51. **Le secret de Simon**
Andrée-Anne Gratton

52. **Super Coco**
Alain M. Bergeron

53. **L'île aux loups**
Alain Raimbault

54. **La foire aux bêtises**
Marie-Élaine Mineau

55. **Yasmina et le petit coq**
Sylviane Dauchelle

56. **Villeneuve contre Villeneuve**
Pierre Roy

57. **Arrête deux minutes!**
Geneviève Piché

58. **Pas le hockey! Le hoquet. OK?**
Raymonde Painchaud

59. **Chafouin sur l'île aux brumes**
Carl Dubé

60. **Un espion dans la maison**
Andrée-Anne Gratton

61. **Coco et le docteur Flaminco**
Alain M. Bergeron

62. **Le gâteau gobe-chagrin**
Maryse Dubuc

63. **Simon, l'as du ballon**
Andrée-Anne Gratton

64. **Lettres de décembre 1944**
Alain M. Bergeron

65. **Ma tante est une fée**
Susanne Julien

66. **Un jour merveilleux**
Alain Raimbault

67. **L'enfant des glaces**
Yves Ouellet

68. **Les saisons d'Émilie**
Diane Bergeron

69. **Les chaussettes de Julien**
Chantal Blanchette

70. **Le séducteur**
Hélène Cossette

71. **Les gros rots de Vincent**
Diane Bergeron

72. **Quel cirque, mon Coco!**
Alain M. Bergeron

73. **J comme toujours**
Raymonde Painchaud

74. **Vol de gomme, vive la science!**
Raymonde Painchaud

75. **Un été dans les galaxies**
Louise-Michelle Sauriol